AF208800

Originalausgabe Zu neuen Ufern
Veröffentlicht über
libri- Georg Lingenbrink GmbH & Co,
Hamburg /Frankfurt, November 1999

Lektorat: Marga Schard

Umschlaggestaltung und digitale Kunstwerke
by Žan Mokran

Layout
by Žan Mokran & Tanja Schard

Produziert auf Apple Macintosh PPC

Printed in Germany

ISBN   3 - 8 9 8 1 1 - 2 8 2 - 9

Informationen zu Tanja Schard und
ANDRAS FFM im Internet unter:

literatur.freepage.de/andras

Tanja Schard

Zu neuen Ufern

ANDRAS
F F M

An dieser Stelle möchte ich all denen danken, die mich ermutigt und bedrängt haben, meine Gedichte auch anderen Menschen zugänglich zu machen :
mein Papa, meine „Mudder",
Tante Do, Prof. Dr. W. Theopold,
Connie und Todd, Görgi, Stevie,
Corinna, Madeleine, Tina, Alice,Gabi,
Jessica und viele andere mehr

Mein ganz besonderer Dank gilt jedoch den beiden Menschen, die an mich geglaubt und dieses Buch möglich gemacht haben:

meine Mutsch und Žan Mokran.

TS

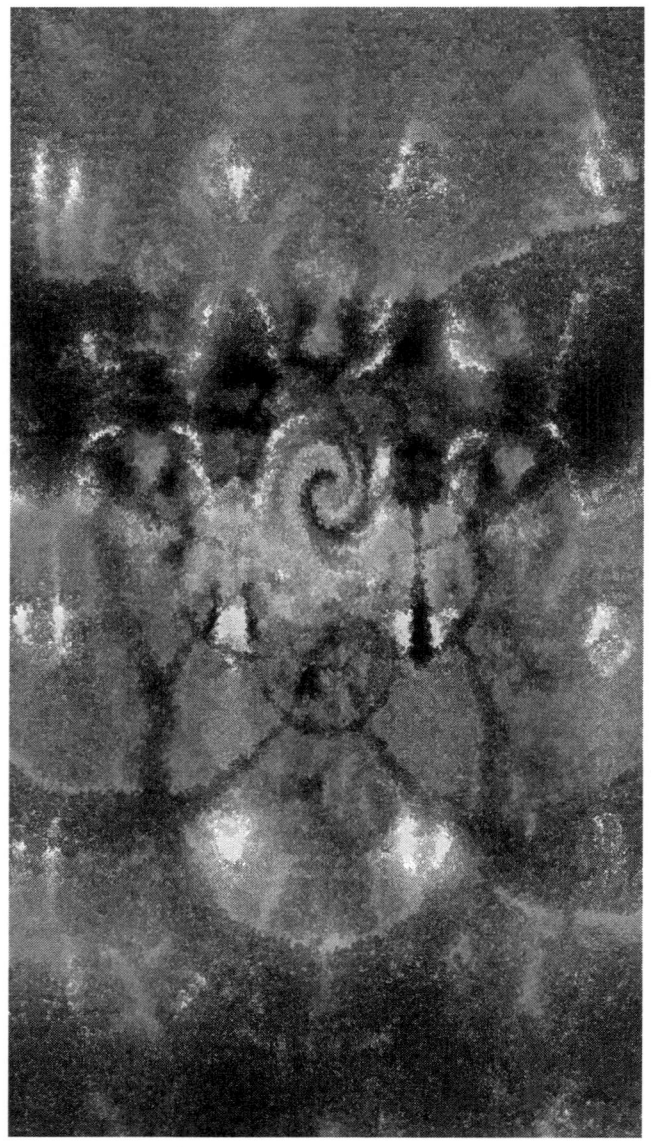

GLÜCK/UNGLÜCK

Wer kein Unglück kennt,
kennt auch kein Glück.

Und je mehr Unglück man kennt,
umso stärker empfindet man Glück.

MANCHMAL ...

Manchmal werde ich noch weinen.
Dann, wenn die Erinnerung mich
überkommt,
ohne Vorwarnung neben mir steht
und Bilder von vergangenen Tagen
vor meinen Augen webt.

Manchmal wird es noch schmerzen.
Dann, wenn ein Gedanke an dich
mein Herz berührt
und doch so schnell vergeht,
als hätte ich diese Zeit
nie mit dir gelebt.

Doch manchmal werde
ich mich freuen.
Dann, wenn es uns gelingt
einen anderen Weg zu gehen
und immer noch für
uns beide eine Zukunft sehen.

HOFFNUNG

Tiefster Winter ist eingekehrt
in meinem Herzen.

Und doch weiß ich genau,
es wird auch wieder
einen Frühling geben.

Eine kleine Kerze
leuchtet mir auf meinem Weg
durch die Dunkelheit.

Ich nenne sie Hoffnung.

VERLUST

Wenn eine große Liebe vergeht,
ist es bestimmt am Anfang
sehr schwer.
Aber auch dieser Schmerz vergeht,
dafür ist ein Stück vom Herzen leer.

Aber wenn eine
Freundschaft vergeht,
wird auch das Leben auf einmal leer
und das,
woraus die Welt besteht,
gleicht einem endlosen toten Meer.

WORTE

Worte,
wie Balsam auf offenen Wunden
Worte,
die den Schmerz lindern
Worte,
die Mit-Leid bekunden.

Wie gut,
daß so viele Freunde
Ärzte an meiner Seele sind.

UNÜBERHÖR-/SEHBAR

Es war laut
und viele Menschen trennten uns.
Das war mein Glück,
denn sonst hättest du vielleicht
gesehen,
was meine Augen dir sagten
und was mein Mund zu dir sprach.

ICH MAG DICH

Ich war gestern so glücklich,
denn gestern sagtest du
„Ich mag Dich".

Ich hoffe, ich werde
auch morgen glücklich sein,
denn vielleicht sagst du morgen
„Ich liebe Dich"

BILDUNGSLÜCKE

Du sagst, es wäre schlimm
Blues Brother nicht zu kennen,
es wäre eine Bildungslücke.

Du sagst, es wäre schlimm
diesen Film nicht zu kennen,
es wäre eine Bildungslücke.

Aber ich finde es schlimm,
daß ich dich kaum kenne
und das ist die schlimmste
Bildungslücke,
weil ich dich mag.

N U R

Liebe, Herz, Schmerz
NUR WORTE
Ein Blick, ein Lächeln, eine
Umarmung
NUR GEFÜHLE
Tränen, Dunkel, Traurigkeit
. . . TOD.

Die drei Dinge, die unser Leben
beherrschen.

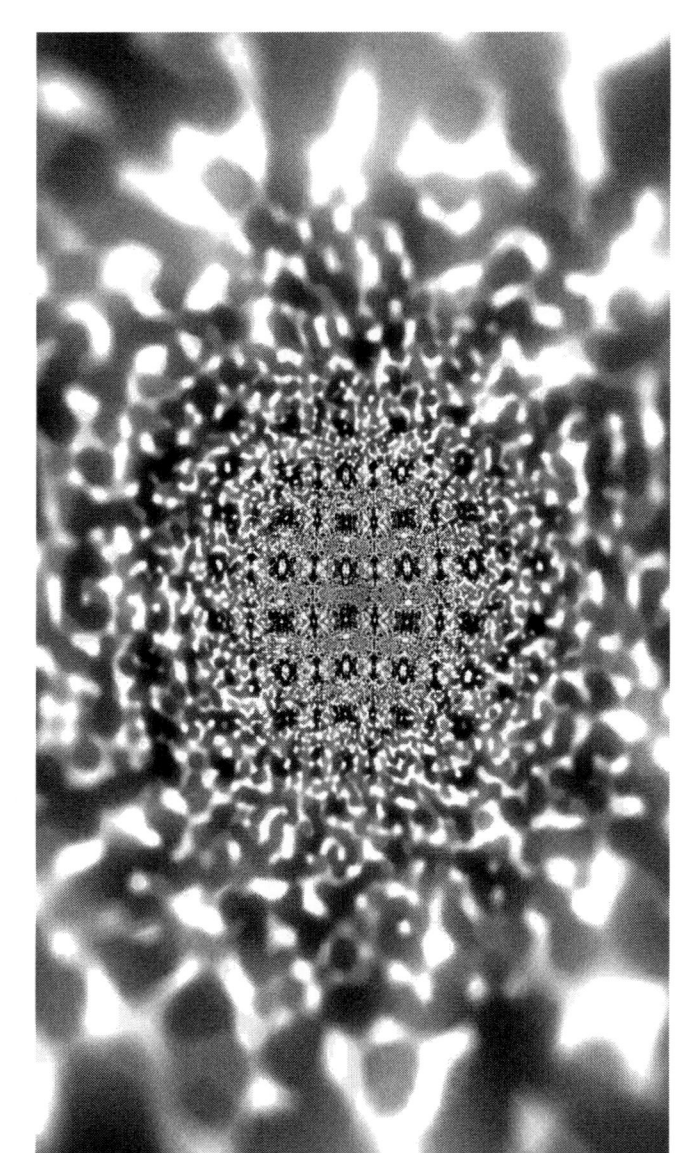

FLIEGEN

glauben zu schweben
himmelwärts streben
berauschendes Erlebnis.

da . . . trudeln
im Strudel
und stürzen in Verderbnis.

doch eine liebe Hand
ehe man es versteht
hat den Fluch gebannt
kam nicht zu spät.

LIEBE

nicht Verlangen
nicht Verständnis
nicht Geborgenheit
nicht Zusammensein

sondern eine Animierung meines Ichs
woraus sich das alles ergibt.

WAS ICH AN DIR LIEBE

Mia figlia ,
das liebevolle Wort,
das ich vermisse,
wenn du nicht da bist.

Mein Menschlein,
der zärtliche Blick,
mit dem du mich
abends zudeckst.

Meine Zimtziege,
das grummelige Übersehen
vieler meiner Fehler.

Und das ist nur
ein Bruchteil dessen,
was ich an dir liebe.

(für meine Mutsch)

WEGE

im Geiste, wie auf der Welt
legt man sie zurück
für zweiteres braucht man Geld
das erste ist traumhaftes Glück

FREIHEIT

Gefühl der Jugend,
je älter man wird
desto größer die Überzeugung,
man hat sie verloren

Heut' glaubt man an Tugend
und ist verwirrt
durch die Bedeutung
die sie doch noch für uns hat

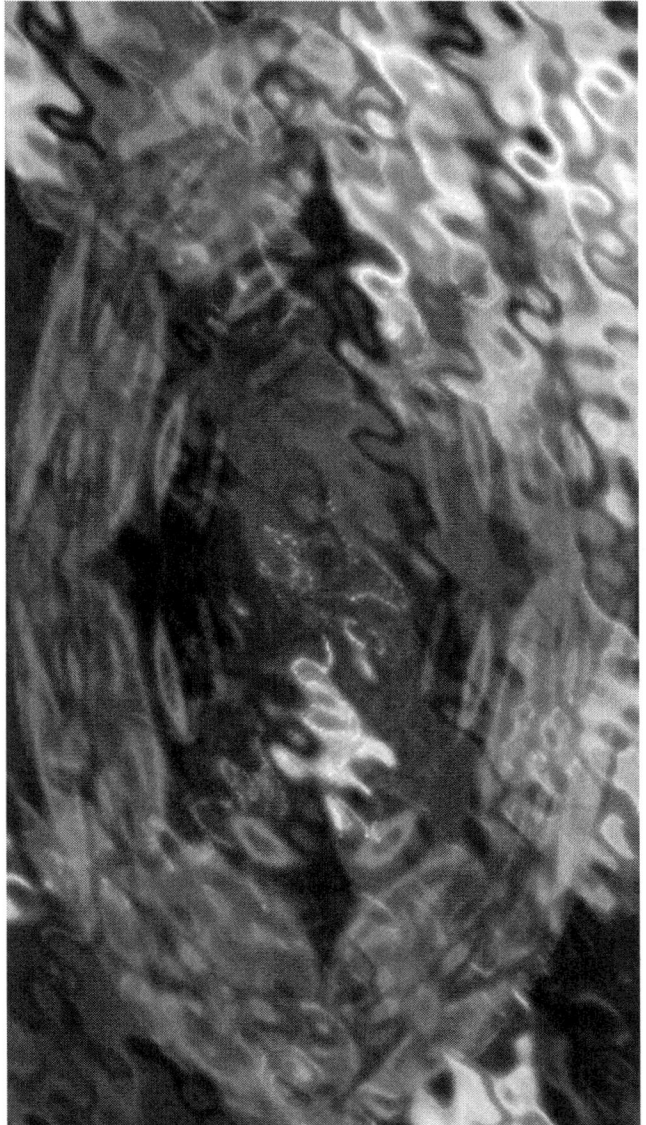

DER HAIN

Ich wollt' ich könnte dir beschreiben,
doch die Zeit dafür
wird wohl nicht bleiben,
ein ganzes Leben reicht da nicht,
um auszudrücken, was in mir spricht.

Alles ist schon dagewesen
an Metaphern und Vergleichen
doch dies hab' ich noch nicht gelesen

„Du bist für mich das warme Licht
das, wo ich geh' und steh'
auch im Dunkel nicht verlischt.
Dem Wandrer gleich
streb' ich drauf zu,
gewiß es wird mich nie enttäuschen,
denn diese Flamme bist ja du.

Auch wenn der helle Schein
sich mal bedeckt,
so find' ich ihn mit Sicherheit,
irgendwo in meinem Herzen,
nicht versteckt,
da gibt es einen kleinen Hain,
voll mit Linden, Träumen,
Schmetterlingen,
der soll nur dir zu eigen sein."

ICH GLAUBTE ...

Ich glaubte dich zu lieben
und du wolltest nur jemanden zum
Bedienen.

Ich glaubte dir vertrauen zu können
und du hast meine Sorgen ausge-
lacht.

Und als ich glaubte,
du ließest mich gehen
hast du gesagt,
du willst mich heiraten.

Denn du hast geglaubt,
mir alles bieten zu können
aber du glaubst doch nicht,
ich würde dich bedienen,
mich von dir auslachen lassen,
und dann auch noch heiraten.

MEINE FREIHEIT

Meine Freiheit, das heißt :

ich habe die Freiheit, dich zu lieben
und zu vergessen

ich habe die Freiheit, dir weh zu tun
und dich zu verwöhnen

und

ich habe die Freiheit, zu sein,
wer ich bin,
ohne dich oder mit dir.

WENN ICH WÜßTE

Wenn ich wüßte
was du verloren hast
ich würde es für dich suchen.

Wenn ich wüßte
was du suchst
ich würde es für dich finden.

Wenn ich wüßte
was du gefunden hast
ich würde es für dich aufbewahren
und
wenn ich wüßte
daß du mich nicht brauchst
würde ich gehen.

denn du würdest
mich nie suchen
mich nie finden
und nie diese Liebe aufbewahren.

NEIN DANKE

Ich möchte dir einen Gefallen tun
Doch du sagst
Nein Danke

Ich möchte dir etwas schenken
Doch du sagst
Nein Danke

darum habe ich Angst
dir zu sagen, daß ich dich mag
vielleicht sagst du wieder
Nein Danke

DU

Gräser, die sich im Wind wiegen
und ich denke an dein Haar.

Das blaue Meer, das ans Ufer schlägt
und ich denke an deine Augen.

Eine Möwe, die aufs Meer rausfliegt
und ich denke an die Freiheit,
die du aufgegeben hast,
um mich zu lieben.

AUF DEINEN SPUREN

Einen Socken hier
ein Hemd dort
so folge ich deinen Spuren

Dann sehe ich in deine Augen
und entdecke eine endlose Spur
zu dir und deiner Liebe

SCHACH

Springer gegen Turm
Dame gegen König
Schach

Deine Zärtlichkeit
gegen meine Zweifel.
Deine Liebe
gegen mein Mißtrauen
Schachmatt

GRÜNE AUGEN

Grüne Augen schauen mich an
wenn ich abends einschlafe
und wenn ich morgens aufwache.

Ich wünschte, es wären deine Augen,
denn mein Teddybär braucht Ersatz.

UND DOCH

Auch wenn ich traurig bin
ich sag „und doch"

Auch wenn ich aufgeben will
ich sag „und doch"

Auch wenn alle wegsehen
ich sag „und doch"

und es weiß keiner außer mir,
daß ohne diese zwei Worte
mein Leben nicht mehr
lebenswert wäre.

HEUTE NACHT

Heute nacht hatte ich von dir
geträumt
und ich blieb im Bett bis Eins
und wollte weiterträumen
aber Träume bleiben nicht,
genausowenig wie du.

DER STERN

Manchmal fällt
ein Stern vom Himmel,
die Nacht ist ruhig und lau die Luft,
durch meine Träume
fliegt ein Schimmel
und ein Prinz, der nach mir ruft.

Er trägt den Stern
an seinem Schwert,
durch ihn erstrahlt so hell die Nacht
und wenn er durch die Lüfte fährt
fühle ich, ich bin bewacht.

Der Traum verblaßt im Morgengrauen
nimmt mit sich Prinz und Schimmel
läßt mich zurück, doch mit Vertrauen,
denn
manchmal fällt ein Stern vom
Himmel.

SÜßIGKEITEN

Liebe ist wie eine Süßigkeit,
wenn man nur wenig davon
bekommt,
bleibt ein wunderbarer Geschmack
und der Wunsch nach mehr.

Aber je mehr man bekommt
umso fader und uninteressanter
wird es.

Man wird satt.

FREUND-LICHER GEDANKE

Die Sonne ist schon längst versunken,
die Turmuhr schlägt schon gleich halb drei,
die Gläser, alle ausgetrunken,
die Festlichkeit ist lang vorbei.

Da sitz' ich hier nun einsam rum
und philosophier' so vor mich hin,
wen geht's denn an,
wen kümmert's schon,
wenn trüb und leblos ist mein Sinn.

Doch komm' und blas' kein Trübsal mehr,
ermahn' ich selber mich und lach',
denn auch wenn's Leben scheint so leer,
dem Baron Münchhausen
mach' ich's nach.

Wenn keiner aus dem Dreck dich zieht
auch der Freund aus früherer Stund'
Dich jetzt vergißt
so ergreif' den eig'nen Schopf geschwind
und zeig', wes Geistes Kind du bist.

Und nur wer in der Zeit der Not
sich zu dir stellt und da verweilt
der nicht wankt, egal was droht
ist der, der jede Wunde heilt.

DRAHTSEILAKT

Es fing als Freundschaft an.
Als es für mich Liebe wurde,war es für dich
immer noch Freundschaft, aber wir
schafften eine Gratwanderung zwischen
beiden.

Wir waren uns dessen auch bewußt und
trotzdem war es ein harter Schlag, als du
sagtest, daß dieser Balanceakt nicht mehr
geht.

Du hattest Angst, um mich, daß einer von
uns beiden abstürzt. Und jetzt hänge ich
hier an einem dünnen Seil, das von dir
gehalten wird. Deine Freundschaft und
meine Liebe waren doch für mich immer
eins. Wo fing das eine an und wo hörte das
andere auf ?

Auf einmal stehe ich an deinen Grenzen
und fühle mich grenzenlos allein.

Ich brauche einen Dolmetscher, einen Fremdenführer, der mir den Weg zurück in dein Leben zeigt. Einen neuen Weg, ich werde zwar manche Ecken wiedererkennen, aber viele Türen, die früher offen waren und mich zum Hereinkommen einluden, werden diesmal geschlossen sein.

Manchmal sehe ich mich wie in einem Spiegel-Kabinett und aus jedem Spiegel grinst eines meiner Gesichter mich an, verzerrt, fast unkenntlich.

Meine Reise zu dir führt mich durch mich selbst, aber das hilft mir nicht viel, weil sich für mich so viel ändert.

Ich muß eine Freundschaft finden, die für dich immer klar war. Vielleicht suche ich deshalb so verzweifelt
nach mir selbst.

Dichter Nebel ist um uns, aber ich hoffe, er wird sich in der Morgendämmerung heben, damit ich sehe, daß das Seil gehalten hat.

WAS UNS TRENNT / WAS UNS VERBINDET

Was uns trennt

    ein uferloses Meer

    das Unverständnis anderer

    unser Pflichtbewußtsein

    meine Liebe zur Heimat und
    Sicherheit

    deine Liebe zur Männlichkeit

    unsere unterschiedlichen
    Kulturen

    unsere unterschiedlichen
    Prioritäten.

Was uns verbindet

Telefongespräche und Briefe

unsere Liebe

unser Versuch, den anderen
zu verstehen

kleine Gemeinsamkeiten

unsere Treue

unser teilweiser Verzicht auf
und für den anderen

das Belassen der Freiheit
durch Vertrauen.

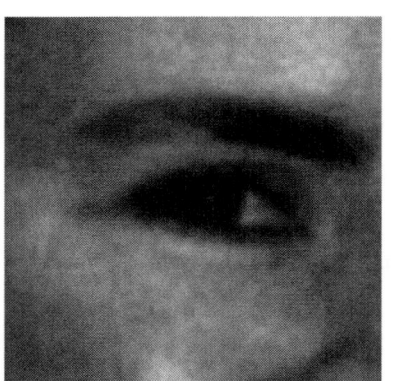

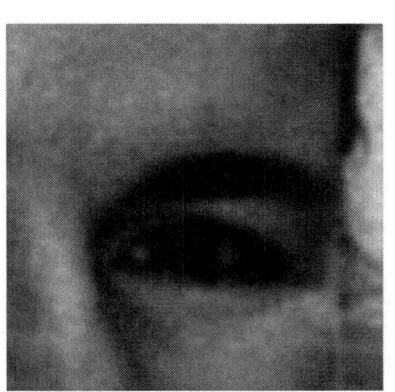

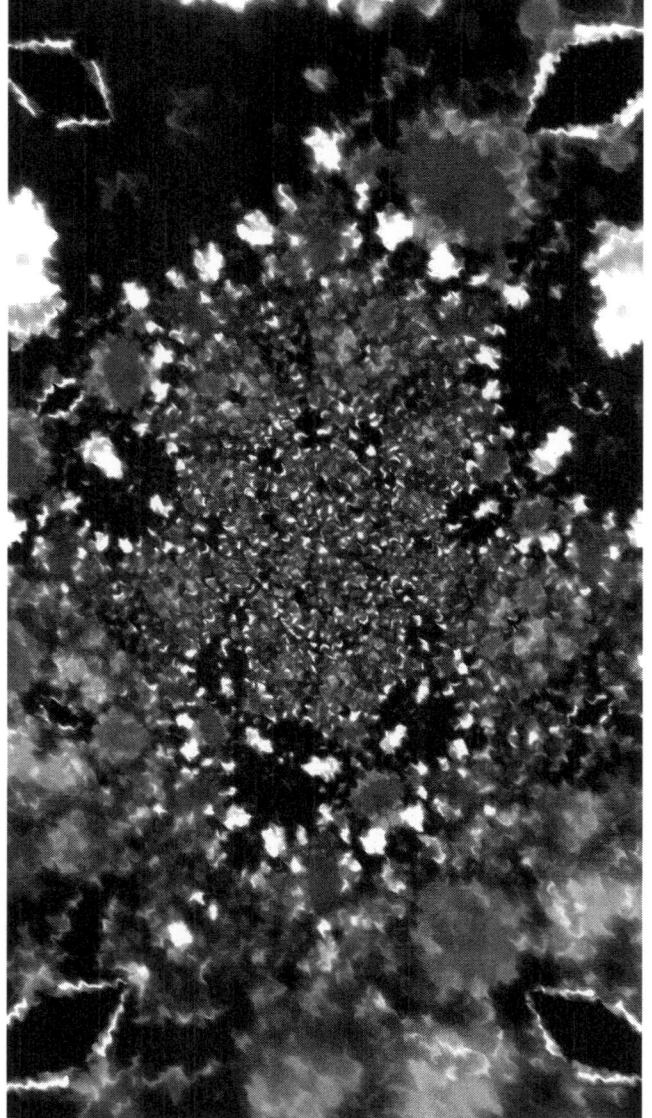

AUTUMM

Autumm is here
it has come through the door
like a thief in a room
like so often before
and I shed a tear.

Time has gone slow
and dawn comes so soon
this minute I'm calm
but still I don't know
where lies my doom.

Eventhough you're not here
I know that we shared
a wonderful love
yet I am scared
and nothing stays clear.

I WANT TO ...

I want to hold you so tight
I want to love you tonight
now you are gone
and I feel alone
but even when you're not here
I can still feel you near
your blood runs through my vene
and breath of my lungs you drain
our hearts beat as one
No, I'm not alone.

I MISS YOU

Now that you're gone
the hours are long
the days are like years
and I'm full of tears
but I don't weep
the feeling is deep
my thoughts are with you
I know you miss me too.

BUT STILL

Tonight you have to work
this bed will we empty and big
without you

But still

I hear your breath
I feel your warmth
and I see your face
because you took your place
in my heart
and you will never leave there.

„I LOVE YOU"

So often used
yet so often forgotten
They say it over and over again
„I love you"

What can I say to you,
so you don't think
I might forget one day,
over telling you,
to feel it for you ?

?

Angst ? Wovor ?
Dich zu verlieren ?
Kann ich dich denn besitzen ?
Wie besitze ich einen Sonnenstrahl,
oder etwa den Wind ?

FREUNDSCHAFT

ein Sonnenstrahl, der besonders
an den kalten Wintertagen
mein Herz erwärmt

das Netz, das mich sanft auffängt,
wenn ich nach einem Hochseilakt
den Boden unter den Füßen verliere

der Anker, der mich auch bei
stürmischer See
im sicheren Hafen hält.

REGENBOGENTAG

Heut' ist ein Regenbogentag,
ein Tag genau wie ich ihn mag.

Die Sonne scheint so hell herein,
da denkt man doch
es kann nicht sein,

daß außerdem noch Regentropfen
an mein kleines Fenster klopfen.

Doch siehe da, man schaut hinaus,
da ist er schon, der Augenschmaus.

So bunt und fröhlich anzusehen,
da muß mir doch das Herz aufgehen.

So find' ich denn an jedem Platz
unterm' Regenbogen einen Schatz.

Es ist die Freude mir am Leben
und die möcht' ich weitergeben,

so daß ein jeder glaubt dem Satz:
Unterm' Regenbogen liegt ein Schatz.

LEBEN

Heute mußte ich mit mir schimpfen :
Ich hatte weder gebügelt,
noch gespült,
noch aufgeräumt,
oder Wäsche gewaschen.

Was für ein nutzloser Tag!

Doch dann überlegte ich es mir
nochmal.

Ich hatte die Sonne
warm auf meiner Haut gespürt,
hatte gutes Essen genossen,
mit Menschen, die ich liebe,
gelacht und gescherzt.

Ich habe heute gelebt.

Wie kann es da ein nutzloser Tag
gewesen sein ?

OKUPATION

In deinem Land sind nur Urlauber
und Eingeborene erlaubt.

Schade, ich wäre gerne
eingewandert.

Aber ich glaube, du verwechselst
einwandern immer noch
mit okupieren.

OKUPATION II

Die Einwanderungsbehörde hat mich
nicht in dein Land gelassen.
Sie haben gemerkt, was für ein
Gepäck ich habe.

Daß Herzen auch immer
so laut klopfen müssen.

HINTER-LISTIG

Es gab eine Zeit,
da glaubte ich,
daß du mich nicht liebst
und liebte dich.

Jetzt weiß ich,
daß du mich nicht liebst
und liebe dich.

Vielleicht schaffe ich es erst dann
dich nicht mehr zu lieben,
wenn du mich liebst.
Wollen wir es mal probieren?

ALLE WELT

Alle sagen:
„Schlag' ihn dir aus dem Kopf"

Das wäre ja noch leicht,
aber wie schlage ich
ihn mir aus dem Herzen ?

HORIZONT

Du bist nicht das Ende meines
Horizontes.
Ich weiß, daß es hinter diesem Berg
noch viele Berge und Täler,
Flüsse und Wiesen gibt.
Eine ganze Lebenslandschaft.

Was also hindert mich daran,
dich zu übergehen ?
Vielleicht der Gedanke,
dich hinter mir zu lassen.

Komm', begleite mich ein Stück des
Weges.
Erkunde das Leben mit mir,
und ich zeige dir,
daß man nichts wirklich zurückläßt,
höchstens hinter sich.

GEDANKENFLUG

Für den Menschen, den man liebt,
unternimmt man manche Reise
ins Land der Phantasie.

Man sucht dort die Entschuldigung
für das, was der andere
tut, oder auch nicht tut,
sagt, oder auch nicht sagt.

Und manchmal denke ich,
Frauen reisen in diesem Land
mit dem Gedankenflug,
Männer jedoch
mit dem Eselskarren.

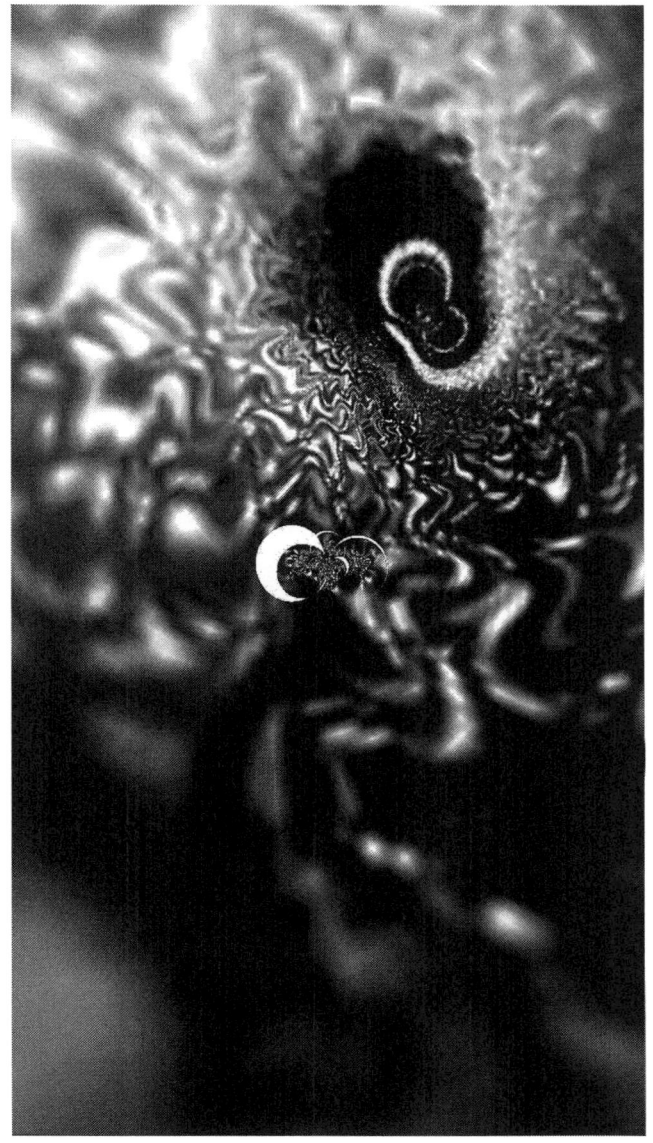

APHORISMEN

Auch in einem starken Menschen
kann sich eine empfindsame Seele
verbergen.

Wer wirft schon gerne seine
Hoffnungen
ohne Rettungsreifen über Bord ?

Ach, wenn doch die Menschen nur
blind wären,
vielleicht könnten sie dann besser
sehen.

Wenn Liebe und Vertrauen
immer Hand in Hand gingen,
hätte Shakespeare
nichts zu schreiben gehabt.

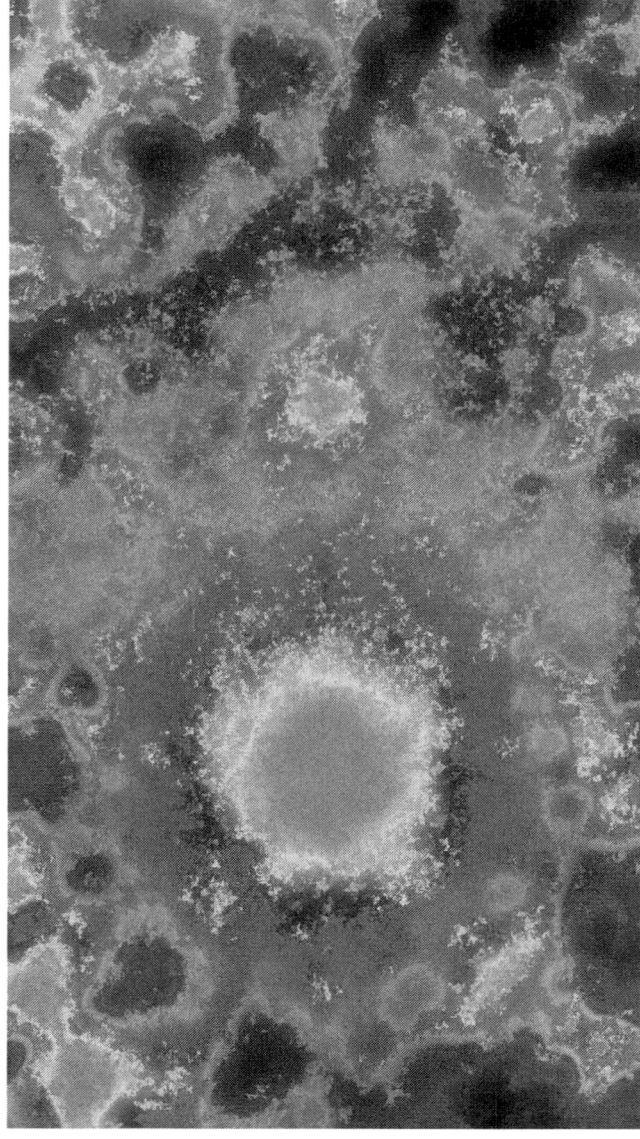

HERBSTTAG

Regentropfen laufen am Fenster herab.
Der Tag neigt sich dem Ende zu,
meine Gedanken schweifen ab,
kommen erst bei dir zur Ruh'.

Die Dämmerung legt sich auf das Land,
weckt den sehnlichen Wunsch in mir
nach deiner zärtlichen starken Hand,
nach dem warmen geborgenen „Wir".

Wie einsam diese Wohnung ist
ohne deine Anwesenheit,
die, wenn du nicht da bist,
trostlos hier verweilt.

ANKER

Wenn du doch nur sehen würdest,
daß ich zwar an dir hänge,
aber deshalb noch nicht dein Anker
sein muß.

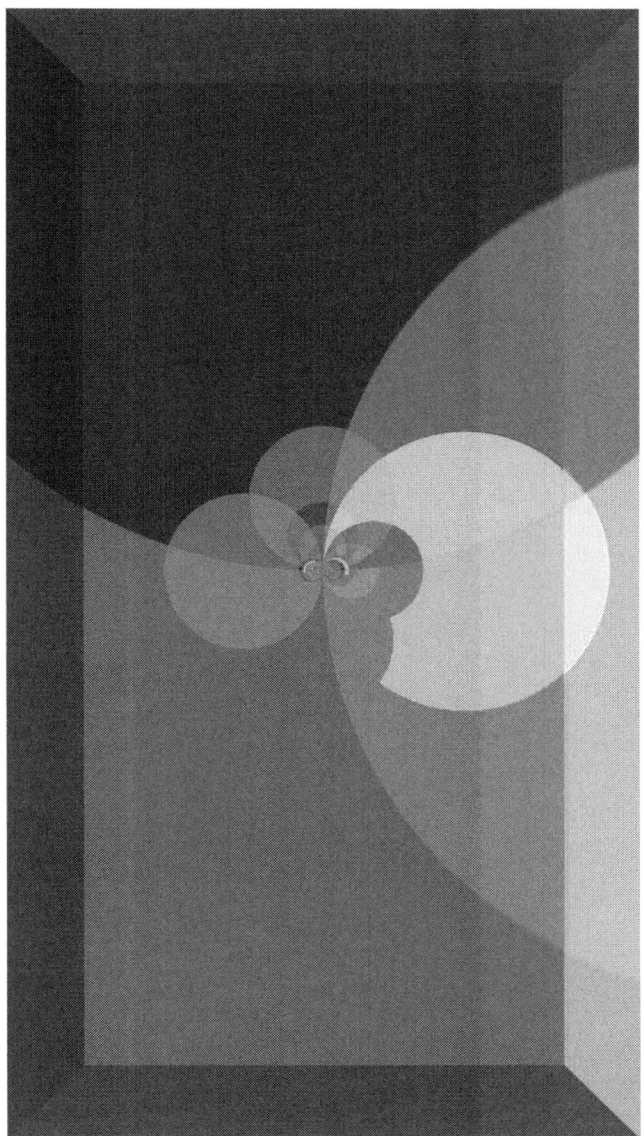

STERNSCHNUPPE

Ich stehe am Ende einer Straße
und schaue zum Firmament,
um meinen Weg zu finden.

Ich habe mich verirrt
und suche nach dem Stern,
der mich auf einen
besseren Weg führt.

Da, es zwinkert mir einer zu.
Vielleicht hat mein Schutzengel
heute Nachtschicht.

WEGWERF-GESELLSCHAFT

Gestern ist meine Palme gestorben.
Ich habe sie weggeworfen
und eine neue geholt.

Dabei ist mir aufgefallen,
daß wir schon eine rechte
Wegwerf-Gesellschaft sind.

Es ist nur schade, daß wir uns und
unseren Kindern
keine neue Umwelt im nächsten
Gartencenter kaufen können.

LEBENSFUNKEN

In deinen Augen sah' ich
dann und wann
einen Funken Lebensfreude blitzen.
Oh, ich möchte das besitzen,
das ihn zum Feuer entfachen kann.

Doch so hab' ich
nur mein eigenes Leben
und die Freude daran zu teilen.
Ja, ich möchte zu dir eilen
und dir so vieles davon geben.

Und da, ich hab' es nicht bedacht,
kommst du selbst mir in die Quere,
ich laufe einfach nur ins Leere,
was hab' ich denn nur falsch gemacht

Ich wollte dir doch nur zeigen,
wie schön das Leben auch sein kann,
wollte ergreifen deine Hand
im bunten frohen Lebensreigen.

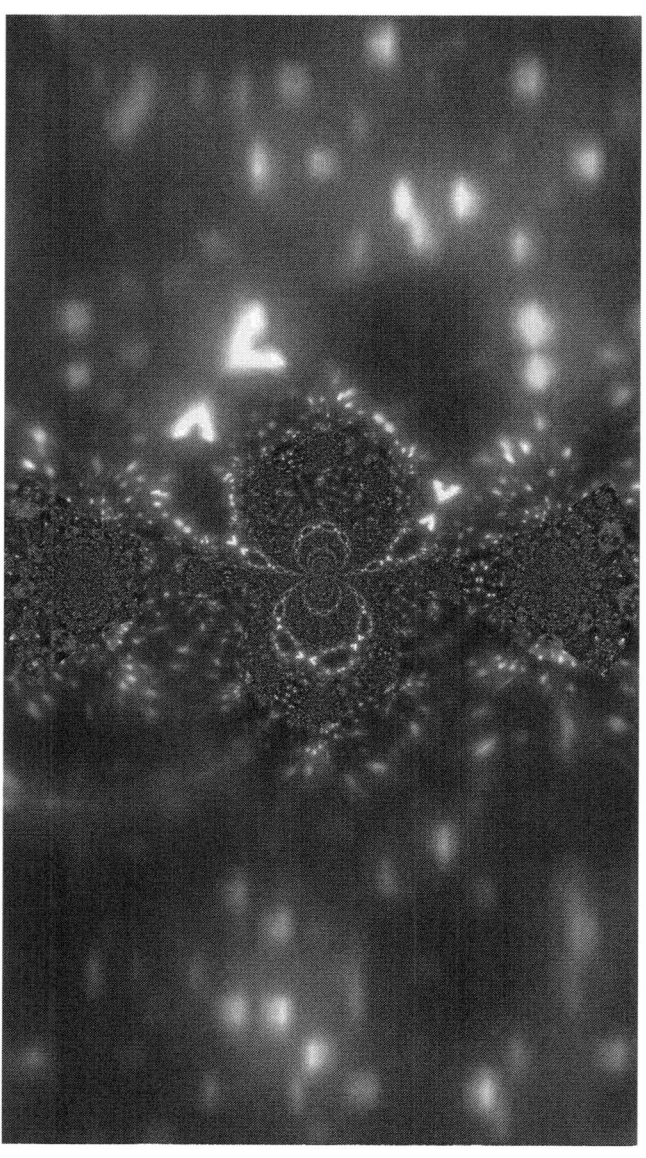

ANGST/MUT

Manchmal hab' ich Angst vor Schatten
und oft auch vor der Dunkelheit,
oder der Gedanke an 'nen Platten,
nachts, und der nächste Ort noch weit.

Die Phantasie geht mir nicht aus,
mir alles lebhaft vorzustellen.
Mancher sagt: du bist 'ne Maus,
du hast ja Angst selbst noch im Hellen.

Doch Mut ist für mich nur Beweis
von mangelhafter Phantasie
und ich bin glücklich, daß ich weiß
Angst hätt' ich wohl nie
ohne meine Phantasie.

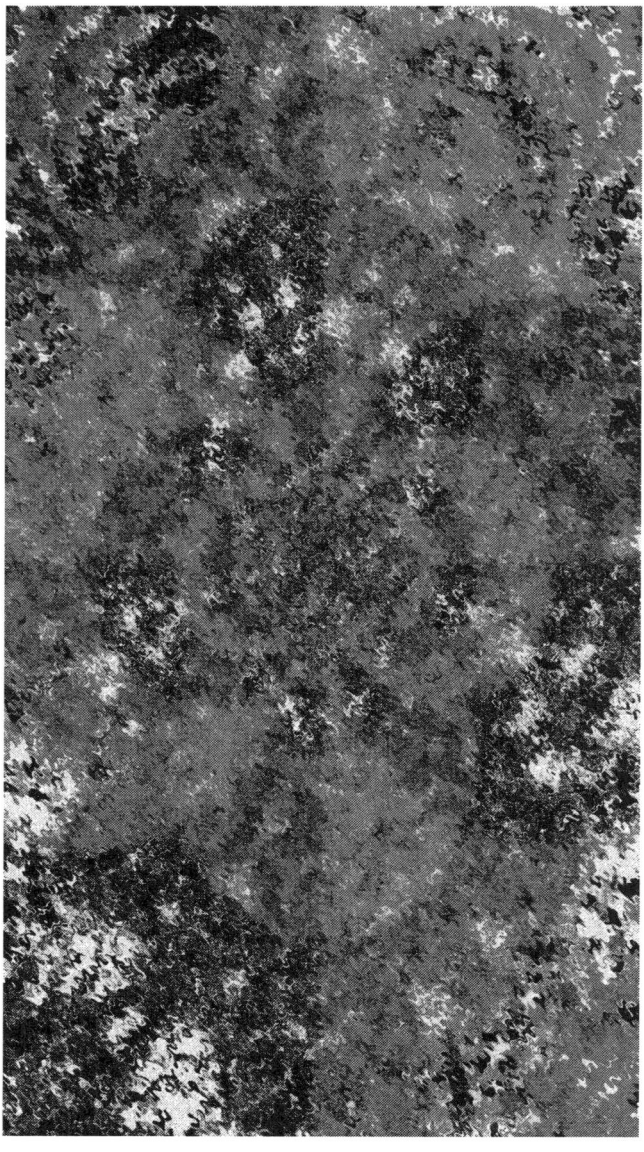

NIRGENDWO

Nirgendwo ist auch ein Ort,
da wo Seelenbeine baumeln,
Gedanken wie in Trance taumeln,
innere Ruhe find' ich dort.

Da wo Schmetterlinge reden,
mir im Flug die Richtung weisen
und ich folge dann auf leisen
Sohlen den verschlung'nen Wegen.

Erfrischt komm' ich von dort zurück,
ausgeruht ist jetzt mein Geist,
denn wer nach Nirgendwo verreist
hat im Gepäck
das unbeschwerte Glück.

SAMMLUNGEN

Ich sammle Bücher,
ab und zu auch Münzen,
oder Briefmarken.

Am liebsten sammle
ich Menschen.
Und Erfahrungen,
gute und schlechte.

Und manchmal
muß ich mich sammeln.

ICH LAß' ES MIR NICHT NEHMEN

Nein, ich laß' es mir nicht nehmen,
den Glauben an 'ne bess're Welt,
in der Liebe und Vertrauen
zu den wichtigen Dingen zählt.

Auch wenn mir tiefe Wunden
daraus vielleicht entstehen,
weiß ich doch immer ganz genau,
daß diese mit der Zeit vergehen.

Und mit diesem Wissen tief in mir
hoffe ich einst alt zu werden,
es auf dem Weg nicht zu verlieren
den ich wandel hier auf Erden.

SEHNSUCHT

Möchte deine Seele riechen,
ganz in deine Hände kriechen,
horchen an den Träumen,
keine Regung dort versäumen.

Möchte deinen Atem schmecken,
mich in deinen Armen recken,
möchte spüren, wie es ist,
wenn du wieder bei mir bist.

FALKE

Du bist wie der Falke und ich werde
von deiner Wildheit und Schönheit
angezogen.
Ich möchte dich für mich haben und
liebe doch nichts mehr, als dich frei
durch die Lüfte schweben zu sehen.

Erst wenn ich dich frei gebe, ist es dir
möglich zu mir zurückzukehren.
Und selbst dann wird es nie sicher
sein, ob du bleibst, oder beim näch-
sten Flug vielleicht nicht wieder
zurückkommst. Doch auch wenn es
der letzte Flug ist, der dich auf immer
von mir wegträgt, möchte ich der
Wind unter deinen Schwingen sein
und werde wissen, daß ich ein kleiner
Teil deines Fluges war.

Denn ich liebe dich.

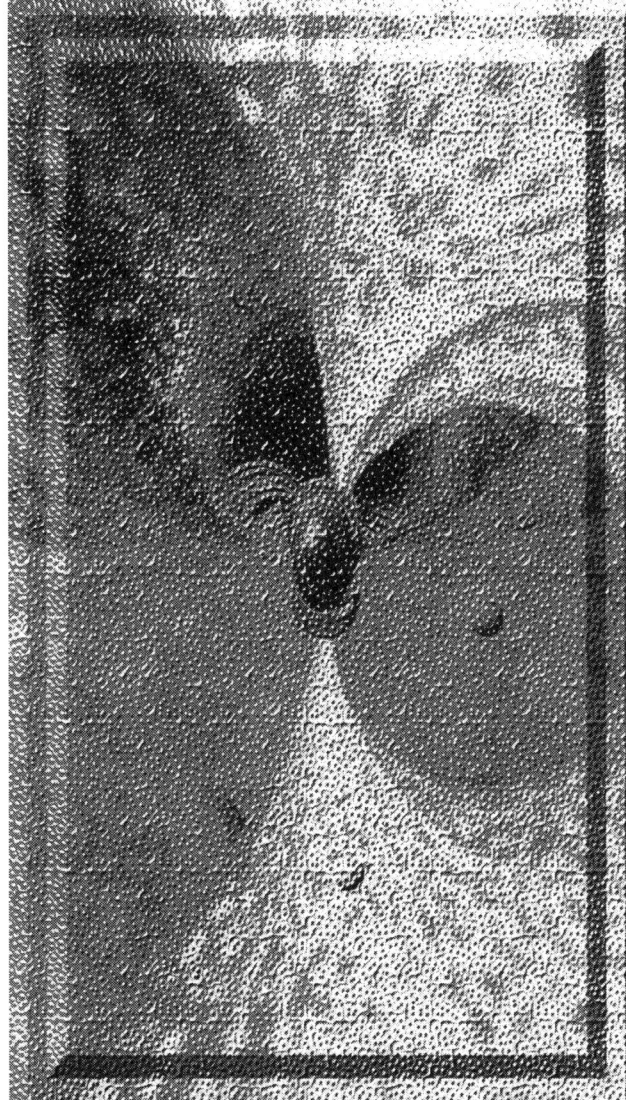

SCHIFFBRÜCHIG

Es ist Zeit aus dem Traum zu erwachen, sonst wird es ein Alptraum.

Zwischen Wirklichkeit und Wunsch wird die Kluft immer tiefer und mit jedem Mal die Überquerung riskanter und eine Rückkehr unsicherer.

An einem der Ufer werde ich stranden und keines von beiden wirkt anheimelnd auf mich.

Das eine bietet das Heim, das keines ist, nur so scheint. Das andere Heimatlosigkeit des Herzens. Welches soll ich da vorziehen ?

„Ob's edler im Gemüt die Pfeil' und Schleudern des wütenden Geschicks erdulden, oder sich waffnend gegen eine See von Plagen, durch Widerstand sie endend."

So fragt Hamlet in seiner Trauer und
Verzweiflung.

Doch Widerstand gegen wen, mein
eigenes Selbst ?
Und was endend, das, was mich
inmitten zweier Welten hält ?

Wie ein Stück Strandgut werde ich
von Ebbe und Flut zwischen beiden
ein Spiel der Wellen.
Einmal oben, einmal unten.
Mal am Festland, dann wieder auf
hoher See.

Eine Schiffbrüchige, die noch
schwimmen kann.
Wie lange wird die Kraft noch
reichen ?

NEBELWEIDE

Schemenhafter Tanz
finsterer Gestalten,
die beim Mummenschanz
sich an den Händen halten.

Die Äste wie Klauen,
der Stamm ein Gesicht,
nebliges Grauen
im schwindenden Licht.

Im Nebel die Weide
zum Leben erwacht
und über uns beide
senkt sich die Nacht.

PERSPEKTIVE

Wenn du Kummer hast,
geh' zu dir nach Haus',
klopf' an deine eigene Tür
und schütte deine Sorgen aus.

Denke nur, du wärst nicht du,
wärst jemand völlig fremdes gar,
hör' dir selber einmal zu,
vielleicht wird dir ja vieles klar.

Oft stehst du dir selbst im Weg,
versperrst den ungetrübten Blick
und erst durch neue Perspektiven
beherrschst du wieder dein Geschick.

DICHTERISCHE FREIHEIT

Wer kann schon sagen ,
was ich mir dabei denke,
mancher würde gerne fragen,
wohin ich die Gedanken lenke.

Wo fängt die Wahrheit an,
die Phantasie, wo hört sie auf.
Gibt es wirklich diesen Mann?
Ist's ein erdachter Lebenslauf?

Viele werden's nie erfahren,
Gewißheit kaum jemand erlangen,
denn ich kenne die Gefahren,
wehrte die, die in mich drangen.

Ein Geheimnis bleibt es immer,
lüften will ich's nie.
War es der Erfahrung Schimmer,
oder doch nur reine Phantasie?

ANDRAS
FFM

Zusammenschluß
freischaffender Künstler
ohne Rechtsform